Inhalt

1   2   3   4

60
50
40
30
20
10

Simon Holland

Ist deine Katze ein Genie?

Der **ultimative** Intelligenztest für Katzen

riva

Im Gedenken an Rupert, die Über-Katze.
Und für Smudge, der stets gute Ergebnisse erzielt.

Bibliografische Information der Deutschen Nationalbibliothek
Die Deutsche Nationalbibliothek verzeichnet diese Publikation in der Deutschen
Nationalbibliografie. Detaillierte bibliografische Daten sind im Internet über http://
dnb.d-nb.de abrufbar.

Für Fragen und Anregungen:
info@rivaverlag.de

1. Auflage 2016

© 2016 by riva Verlag, ein Imprint der Münchner Verlagsgruppe GmbH,
Nymphenburger Straße 86
D-80636 München
Tel.: 089 651285-0
Fax: 089 652096

© der Originalausgabe *Test Your Cat Genius Edition* © Simon Holland 2015
Translation © Münchner Verlagsgruppe GmbH 2016, translated under licence from
HarperCollins Publishers Ltd
Simon Holland asserts the moral right to be identified as the author of this work.

Illustrationen: Erica Salcedo Saiz
Redaktion: Silke Panten
Umschlaggestaltung: Melanie Melzer
Umschlagabbildung: © Shutterstock/Tatiana Davidova; Shutterstock/Ferumov
Satz: Daniel Förster, Belgern
Druck: GGP Media GmbH, Pößneck
Printed in Germany

ISBN Print 978-3-7423-0036-2
ISBN E-Book (PDF) 978-3-95971-410-5
ISBN E-Book (EPUB, Mobi) 978-3-95971-411-2

Weitere Informationen zum Verlag finden Sie unter

www.rivaverlag.de

Beachten Sie auch unsere weiteren Verlage unter
www.muenchner-verlagsgruppe.de

Einleitung

Man kann durchaus sagen, dass Katzen den Menschen schon immer eine Pfotenlänge voraus waren. Ihre fernen Vorfahren bevölkerten unseren Planeten bereits vor über 30 Millionen Jahren, während die des Menschen erst vor zwei bis drei Millionen Jahren erschienen. Der moderne Mensch trödelte sogar noch länger herum – er betrat vor rund 200 000 Jahren den Schauplatz der Evolution.

Es ist mittlerweile bekannt, dass Menschen seit mehr als 12 000 Jahren Katzen als Haustiere halten beziehungsweise mit ihnen zusammenleben. Bevor Katzen vor etwa 3500 Jahren im Alten Ägypten gottgleichen Status verliehen bekamen, hatten sie also übergenug Zeit, ihre Pfoten unter den antiken Couchtischen der blühendsten Hochkulturen der Menschheitsgeschichte auszustrecken.

Als sich die Wege von Katzen und Menschen zum ersten Mal kreuzten, muss es den Katzen sofort klar geworden sein, dass Menschen leicht zu erobern waren: Diese frommen, gefügigen, leicht beeinflussbaren Säugetiere tapsten auf zwei Beinen herum – anscheinend eine »erstaunliche Neuentwicklung« – und waren viel zu fasziniert vom Feuer, um zu bemerken, dass ihnen die Samtpfoten leckere Marshmallows

von den Holzstöckchen stibitzten, die sie zum Rösten vorbe-
reitet hatten.

»Endlich«, dachten die Katzen, »müssen wir nicht mehr
selbst nach Futter suchen und uns allein durchschlagen. Wir
haben eine Spezies gefunden, die naiv genug ist, das alles für
uns zu erledigen.«

In den vergangenen 10 000 Jahren sind Hauskatzen jedoch
vielleicht ein bisschen träge geworden. Vielleicht gibt es nicht
mehr genug Herausforderungen für sie. Vielleicht ist der
Katzenalltag inzwischen so stressfrei, dass die kleiner Tiger die
Leiter der Evolution nicht mehr mühelos weiter hinaufklettern.

Für Katzen ist es an der Zeit, über den Körbchenrand zu
blicken. Hier erfährst du, wie du – der Katzenbesitzer – sie
dabei unterstützen kannst.

Mithilfe dieses Buches kannst du deiner Katze eine Reihe
von Aufgaben stellen, die ihre vielseitigen Fähigkeiten und
Fertigkeiten zum Vorschein bringen. Und – wer weiß? – vielleicht kurbeln diese Tests auch die Intelligenz der Katzen an
und rütteln evolutionäre Anpassungsformen wach, sodass die
Samtpfoten die moderne Welt ganz neu erobern können.

Teste den Scharfsinn deiner Katze

Die eigene Katze auf Anzeichen von Intelligenz, Scharfsinn und Einfallsreichtum zu testen, macht großen Spaß, denn es kitzelt auch Facetten ihrer Persönlichkeit hervor. Das Verhalten von Katzen ist oft weniger berechenbar als das Verhalten anderer Tiere, da sich die Samtpfoten, obwohl sie domestiziert sind, stets ein Stückchen Wildheit, Unabhängigkeit und Abenteuerlust bewahrt haben. Katzen treffen Entscheidungen nach Lust und Laune oder indem sie abschätzen, wie groß die Wahrscheinlichkeit ist, dass sie mit ihrem Verhalten ungestraft davonkommen. Vielleicht ist es deshalb so faszinierend und unterhaltsam, Katzen um sich zu haben: Im Zweifelsfall tun sie eher, was ihnen beliebt, als uns gefällig zu sein. Dadurch präsentieren sie uns eine Art witzigen Tierfilm, den wir innerhalb unseres Hauses und/oder in unserem Garten genießen und einfangen können.

Die optimale Anwendung der Tests

Also gut: Jemand hat dir dieses Buch als kleines Weihnachtsgeschenk oder zum Geburtstag mitgebracht und du fandest es beim Durchblättern ganz lustig. Insgeheim denkst du aber: »Das wandert sofort ins Gästeklo.« Warte einen Moment. Je mehr Zeit du in die Testaufgaben investierst, umso mehr helfen sie dir dabei, dieses Rätsel auf vier Beinen, das durch deine Wohnung stolziert, zu entschlüsseln.

Wenn du Lust auf ein paar schnelle, unterhaltsame Spiele mit deinem Haustier hast, findest du in diesem Buch eine große Auswahl vor und kannst bis zum nächsten Regentag (an dem du für komplexere Aufgaben Zeit hast) schon einmal die Punkte sammeln, die deine Katze dabei erzielt. Manche Tests müssen mehrmals hintereinander durchgeführt oder über ein paar Tage hinweg wiederholt werden, um eindeutige Ergebnisse zu erzielen. Das bedeutet kurzum: Dieses Buch ist fürs Leben und nicht nur für Weihnachten.

Was deine Katze anbelangt: Viele der Tests untersuchen ihr Verhalten, wenn sie »solo« unterwegs ist, andere beziehen weitere Katzen oder andere Tiere ein. Der springende Punkt ist aber: Einige der interessantesten Aufgabenstellungen beschäftigen sich damit, wie deine Katze mit dir interagiert – wie sie dich auf die Probe stellt und dich manipuliert. Eine Katze, die geschickt darin ist, dir ein Verhalten zu entlocken, das ihr Leben zum Himmel auf Erden macht, kann oft die höchsten Punktzahlen einheimsen.

Halte, zum Beispiel auf deinem Smartphone, eine Stoppuhr bereit, denn bei vielen Tests geht es um die benötigte Zeit. Auch diese Aufgaben möchtest du vielleicht nach ein paar Tagen oder Wochen wiederholen, um zu überprüfen, ob deine Katze eine Leistungssteigerung erzielen kann.

Bei einigen Tests können mehrfach Punkte vergeben werden, wenn die Katze mit verschiedenen Verhaltensformen auf die Aufgabenstellung reagiert. Diese Tests sind klar gekennzeichnet. Bitte vergib »Mehrfach-« oder »Bonuspunkte« nur in diesen Fällen. Wenn du schummelst, betrügst du deine Katze (und letztendlich auch dich selbst).

Formen der Genialität

Um den Tests eine möglichst fundierte pseudowissenschaftliche Basis zu verleihen, wurden sie in fünf Themenbereiche unterteilt.

PHYSISCHE TESTS

Diese Aufgabenstellungen untersuchen, wie deine Katze ihren Körper einsetzt, um sich in ihrer Lebensumgebung einen erkennbaren Vorteil zu verschaffen. Sie beschäftigen sich also nicht nur mit Kraft und Geschicklichkeit, sondern testen auch den Einfallsreichtum und den Scharfsinn deines Haustiers.

TERRITORIALE TESTS

Anhand dieser Tests kannst du beurteilen, wie stark (oder schwach) die Instinkte deiner Katze ausgeprägt sind und inwieweit sie diese an die Herausforderungen des Lebens in einem Dorf oder in einer Stadt anpassen kann.

METEOROLOGIE UND KATZEN-KOSMOLOGIE

Nachdem du das Körperbewusstsein und die Anpassungsfähigkeit deiner Katze an ihre Umwelt getestet hast, kannst du nun herausfinden, wie sie mit Gegebenheiten zurechtkommt, die sie weniger leicht beeinflussen kann – sprich mit dem Wetter und dem Zusammenspiel von sichtbarer und unsichtbarer Materie im Universum.

PSYCHOLOGISCHE TESTS

Diese Tests verfolgen die eigentliche Zielsetzung dieses Buches – herauszufinden, was hinter den wachen Augen der Stubentiger tatsächlich vor sich geht. Die Verhaltensformen deiner Katze sind auch Ausdruck ihrer Persönlichkeit und ihrer Stimmungslage. Es lohnt sich, darauf einen besonders genauen Blick zu werfen.

DER SECHSTE SINN

Auf den ersten Blick scheint dieser Abschnitt des Buches nur der Unterhaltung zu dienen. Doch ist das wirklich so? Die Analyse der kleinen Marotten einer Katze kann Verbindungen zur Welt des Übersinnlichen aufzeigen – und dir einige Schauer über den Rücken jagen. Wirf deine Zweifel über Bord – vielleicht verschafft deine Katze dir Zugang zur Welt der Geister. Stell dir vor, wie faszinierend (und vermutlich auch profitabel) das wäre!

Auswertungen der Testergebnisse findest du auf den Seiten 125 bis 127. Dort erfährst du, wie deine Katze in den einzelnen Kategorien abgeschnitten hat, und bekommst ein Profil der körperlichen Eigenschaften und der Persönlichkeit deines Haustiers an die Hand. Außerdem liefern die Ergebnisse Hinweise auf die Bereiche, in denen deine Katze noch Entwicklungspotenzial hat.

• Für alle Kategorien gilt: Lass deine Katze nach Möglichkeit nicht merken, dass sie einem Test unterzogen wird. Eventuell missfällt ihr die Vorstellung, auf dem Prüfstand zu stehen, und in diesem Fall wird sie nicht freiwillig kooperieren. Etwas List mag durchaus erforderlich sein.

Kapitel 1

PHYSISCHE TESTS

Hauskatzen sind domestizierte Tiere, doch sie haben sich
schlauerweise ein Stückchen Wildheit bewahrt – gerade
genug, um dich auf Trab zu halten. Wenn eine Katze in deinem
Haushalt lebt, tut sie das nur ihrer eigenen Bequemlichkeit zuliebe. Katzen haben sich an die häusliche Umgebung
angepasst, doch sie können sich – ganz nach ihren unmittelbaren, ständig wechselnden Bedürfnissen – jederzeit anders
entscheiden. Eine genauere Untersuchung ihres körperlichen
Verhaltens kann alle möglichen Nuancen der Fähigkeiten zum
Vorschein bringen, nicht nur ihre Umgebung, sondern auch
ihre Besitzer – also dich – zu manipulieren.

Mithilfe der folgenden physischen Tests kannst du herausfinden, in welchem Maße deine Katze an deine häusliche
Umgebung angepasst ist. Nimm die Punkteverteilung sorgfältig
vor. Wiederhole, falls notwendig, die Tests so lange, bis du
einen Durchschnittswert erhältst, der mit dem Grundverhalten deiner Katze tatsächlich übereinstimmt.

Prüfe die Echtheit deiner Katze

Ist deine Katze wirklich eine Katze? Oder ist sie ein Gaukler im Pelzgewand, ein Imitator der schnurrenden Spezies? Entgegen der Meinung aller Experten gibt es nur einen Weg, das herauszufinden.

Lege vor den Augen deiner Katze einen kleinen Gegenstand (zum Beispiel eine Münze oder einen Bleistift) an den Rand eines Tisches oder einer anderen erhöhten Oberfläche, auf der sich ansonsten keine oder nur wenige Gegenstände befinden. Miss mit einer Stoppuhr, wie lange es dauert, bis deine Katze den kleinen Gegenstand mit ihrer Pfote über die Tischkante befördert.

Ist deine Katze echt, wird sie den Gegenstand, irgendwann nachdem sie ihn wahrgenommen hat, auf den Boden schubsen. Entscheidend ist ihre Reaktionszeit: je kürzer, umso mehr ist sie durch und durch Katze.

☐ keine Reaktion **0 PUNKTE**

☐ 5 Minuten **1 PUNKT**

☐ 1 Minute **2 PUNKTE**

☐ 30 Sekunden **3 PUNKTE**

☐ 10 Sekunden **4 PUNKTE**

☐ weniger als 5 Sekunden **5 PUNKTE**

2

Verhalten in beengten Räumen: eine metaphysische Herausforderung

Die Arme des Pazifischen Riesenkraken haben eine Spannweite von etwa vier Metern. Dennoch kann der Krake durch ein Loch der Größe eines Tennisballs schlüpfen. Katzen können sich durch sehr schmale Spalten drücken (manchmal reichen nur 7,5 Zentimeter Breite). Nun ist es Zeit für eine genaue Analyse der Herangehensweise von Katzen an das metaphysische Problem eines beengten Raums.

Wenn du vor deiner Katze eine Reihe von Schachteln, Kartons und anderen Behältnissen aufstellst …

☐ wirft sie einen Blick darauf und zieht sich auf die Couch zurück. **1 PUNKT**

☐ untersucht sie alle Behältnisse auf Anzeichen von Futter, bevor sie hineinklettert. **2 PUNKTE**

☐ schlüpft sie in den am besten gepolsterten Karton. **3 PUNKTE**

☐ wählt sie die kleinste Schachtel aus und dreht und wendet sich so lange, bis sie es geschafft hat, ihren gesamten Körper darin unterzubringen. **4 PUNKTE**

☐ probiert sie alle Behältnisse der Reihe nach aus, bis sie das mit dem optimalen Verhältnis von Größe und Katzenkomfort gefunden hat. **5 PUNKTE**

☐ schnappt sie sich einen Satz Laser-Entfernungsmesser und nimmt eine strukturelle Analyse der einzelnen Behältnisse vor. **5 PUNKTE**

3

Interpretation der Körperhaltung

Um die Stimmungslagen deiner Katze zu verstehen und ihre Intelligenz zu bewerten, musst du ihre verschiedenen körperlichen Ausdrucksformen interpretieren können. Die hier aufgeführten Körperhaltungen sind Botschaften, die Katzen an andere Lebewesen in ihrer Umgebung senden.

MEHRFACHWERTUNG

Sei ehrlich – kreuze nur die Körperhaltungen an, die du täglich an deiner Katze beobachten kannst, und rechne ausschließlich die dafür vergebenen Punkte zusammen. Bewerte keine Haltungen, die nicht täglich beziehungsweise regelmäßig auftreten.

☐ TEEKANNE: Pfoten unter dem Körper verstaut, Schwanz rundum geschlungen, Gesicht nach vorn, gedrungene Form, gewölbter Rücken – alles, was der Katze noch fehlt, st ein Henkel. Die Teekannenhaltung bedeutet, dass dir deine Katze ein Tässchen lauwarmen Tees der Enttäuschung einschenkt: Du hättest das, was du hättest tun sollen, eindeutig besser machen können und hättest durchaus mehr Aufmerksamkeit walten lassen können. **2 PUNKTE**

☐ UMGEDREHTE TEEKANNE: Du hast nicht nur versäumt, das zu tun, worum deine Katze dich gebeten hat, sondern du hast eindeutig den Bogen überspannt. Du bekommst die Teekanne von hinten zu sehen. Wärme wird nicht ausgeschenkt. Es gibt keinen Blickkontakt. Du bist ausgeschlossen. **3 PUNKTE**

☐ PARALLELOGRAMM: Diese Schlaf- oder Ruheposition signalisiert völlige Entspannung, Gelassenheit und das Gefühl von Sicherheit. Die vorderen Gliedmaßen liegen dabei exakt parallel zu den hinteren. **2 PUNKTE**

Teekanne

Umgedrehte Teekanne

Parallelogramm

☐ LANGE SEIT – SPIELBEREIT: Wenn eine Katze auf der Seite liegt und dabei mindestens eine Vorderpfote nach vorne streckt, ist sie bereit, mit dir zu spielen oder in anderer Form mit dir zu interagieren. **2 PUNKTE**

☐ OFFENES BUCH DER TÄUSCHUNG: Diese Haltung, bei der der Bauch ungeschützt nach oben zeigt, ist doppeldeutig: Sie signalisiert Vertrauen und Zufriedenheit, ist aber auch Verteidigungsposition, die es der Katze ermöglicht, dir fix eins überzuziehen, wenn du mit deinen Händen ihr Wohlgefühl störst. **3 PUNKTE**

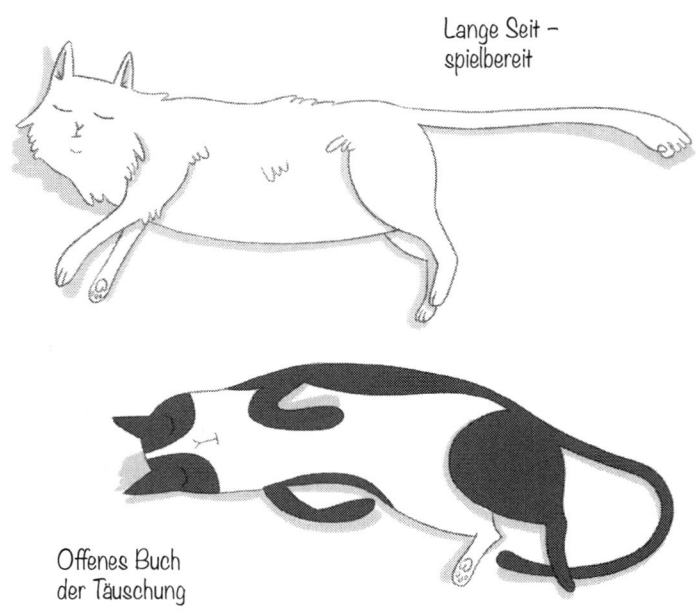

Lange Seit –
spielbereit

Offenes Buch
der Täuschung

4

Schwanzsignale

Dass der Mensch keinen Schweif besitzt, gilt als Vorteil der Evolution. Diese Tatsache stellt uns aber vor das Problem, dass wir die Signale, die Tiere mit dem beweglichen hinteren Ende ihrer Wirbelsäule senden, nicht mehr in vollem Umfang verstehen. Mit ein bisschen Sorgfalt können wir aber die Botschaften, die eine Hauskatze durch sachtes Beugen und Biegen ihres Schwanzes übermittelt, entziffern.

MEHRFACHWERTUNG

Setzt deine Katze ihren Schwanz in unterschiedlicher
Weise dazu ein, dich zu beeinflussen oder die
Kontrolle über dich zu gewinnen, verdient sie für
jede der unten aufgeführten Formen Punkte –
vorausgesetzt, diese Schwanzstellungen treten
regelmäßig beziehungsweise täglich auf.

☐ EINGEKLEMMT: Versteckt eine Katze ihren Schwanz unter
ihrem Hinterteil, ist sie ängstlich oder fühlt sich allgemein nicht
wohl. **1 PUNKT**

☐ UNTER STROM: Zuckt eine Katze mit dem Schwanz oder
bewegt ihn schnell hin und her, weist das darauf hin, dass sie
äußerst gereizt oder verängstigt ist und kurz davor steht, um
sich zu schlagen. **1 PUNKT**

☐ HARMONIE: Ein gerade nach oben weisender Schwanz
zeigt dir, dass deine Katze glücklich und selbstsicher ist und
sich einigermaßen darüber freut, dich zu sehen. **2 PUNKTE**

☐ ANTWORTE MIR: Indem sie ihren Schwanz zu einem
Fragezeichen formt, stellt dir deine Katze tatsächlich eine Frage:
»Bist du bereit für ein bisschen Beschäftigung mit mir?« Diese
Haltung signalisiert Offenheit und Spielfreude. **2 PUNKTE**

Eingeklemmt

Unter Strom

Harmonie

Antworte mir

☐ VERDECKTER ANGRIFF: Hinter dieser Haltung steckt der undurchsichtige, brillante Verstand eines Bösewichts. Die Katze bewegt ihren Schwanz langsam hin und her, um davon abzulenken, dass sie gleich einen Artgenossen oder einen Menschen angreifen wird. (Diese Haltung tritt oft in Kombination mit einem buschigen Schwanz, siehe unten, auf).

3 PUNKTE

BONUSPUNKTE: Wenn du mehrere Katzen hast oder deine Katze häufig mit Artgenossen zu tun hat, erzielt sie vielleicht die folgenden Bonuspunkte:

☐ UMSCHLINGEN: Katzen schlingen ihre Schwänze ineinander, um zu signalisieren, dass sie dem als IGK (Interessengemeinschaft Katzen) bekannten exklusiven Verband angehören. Dieser Verein schließt Menschen generell aus. **2 PUNKTE**

☐ BUSCHIG (alias DER UNGLAUBLICHE HULK): Deine Katze sieht aus, als hätte sie beim Friseur »Waschen und Föhnen« bestellt. Sie macht einen Buckel und stellt die Haare an ihrem Schwanz auf, damit dieser auf andere Katzen größer und imposanter wirkt. **3 PUNKTE**

Verdeckter Angriff

Buschig

Umschlingen

5

Sprung ins Ungewisse

Aus Sicht der Katze ist jeder Sprung vom Boden auf einen Tisch eine Reise ins Unbekannte. Er ist ein riskantes Unterfangen. Es ist nicht vorhersehbar, was sich auf dem T sch befindet und welche Landebedingungen vorherrschen. Der folgende Test eignet sich hervorragend, um herauszufinden, ob deine Katze ein Angsthase, ein Draufgänger oder ein Held ist.

Stelle mehrere Tische unterschiedlicher Höhe auf. Verändere täglich die Anzahl Gegenstände, die auf den Tischen liegen. Beobachte von einer versteckten Position aus, wie deine Katze auf die ihr unbekannten Oberflächen springt. Nach einigen Tagen wirst du ihre Leistung beurteilen und die richtigen Kreuzchen setzen können.

☐ Meine Katze kann nur sicher auf einer weitgehend freien Oberfläche landen. **1 PUNKT**

☐ Wenn meine Katze von einem Tisch rutscht oder fällt, interessiert sie dieser Tisch einige Tage lang nicht mehr.
1 PUNKT

☐ Meine Katze rutscht und fällt oft von Tischen, aber sie startet immer einen zweiten Versuch. **2 PUNKTE**

☐ Meine Katze kommt zwar ins Rutschen, letztendlich kann sie aber immer Fuß fassen. **3 PUNKTE**

☐ Meine Katze klettert vor dem Sprung oft auf eine höher gelegene Fläche, um die Landebedingungen zu prüfen.
4 PUNKTE

☐ Meine Katze ist der Neil Armstrong unter den Landern. Sie scheut vor keiner unbekannten Oberfläche zurück und kommt immer sicher zum Stehen. **5 PUNKTE**

6

Reflexe

Katzen sind für ihre schnellen Reflexe bekannt. Wir Menschen zeigen solch unmittelbare Reaktionen selten – zum Beispiel, wenn wir in letzter Sekunde eine herabfallende Vase auffangen oder wenn ein Fußballtorwart automatisch die Hände Richtung Ball bringt. Doch wie ist es um die Reflexe deiner Katze wirklich bestellt?

Nimm fünf Gegenstände zur Hand, die sich hinsichtlich Größe, Form, Farbe und Klang unterscheiden. Lass sie aus unterschiedlicher Höhe in unmittelbarer Nähe deiner Katze zu Boden fallen.

☐ Es dauert ein bisschen, bis meine Katze sich mit den herabfallenden Gegenständen beschäftigt. **1 PUNKT**

☐ Meine Katze verfolgt die Bewegung der Gegenstände eher mit den Augen, als ihren Kopf oder ihre Pfote danach auszustrecken. **2 PUNKTE**

☐ Meine Katze setzt automatisch zum Sprung auf die Gegenstände an oder schlägt sie mit der Pfote beiseite, als sei sie ein Fußballtorwart. **3 PUNKTE**

☐ Meine Katze sagt: »Ich bin einverstanden – lass uns spielen.« Dann nötigt sie mich dazu, den Reflextest so lange zu wiederholen, bis sie selbst keine Lust mehr hat. **4 PUNKTE**

☐ Meine Katze richtet ihre Aufmerksamkeit sofort auf die Gegenstände, entscheidet aber erst, ob sie sich darauf einlässt, nachdem sie sie genau geprüft hat. **5 PUNKTE**

☐ Meine Katze findet im Bruchteil einer Sekunde einen Hinterhalt, um auf die Gegenstände loszugehen. Ihre Pupillen weiten sich, sie fährt ihre Krallen aus und das Objekt ist »eliminiert«, bevor es den Boden berührt. **5 PUNKTE**

7

Erziehung des Menschen

In häuslicher Umgebung gewöhnen sich Katzen sehr schnell an die zeitlichen Abläufe. Sie wissen, wann du aufstehst, wann du duschen gehst, wann du zur Arbeit fährst, wann du zu Abend isst etc. Sie begreifen auch schnell, wie ihre Fütterungszeiten in den Tagesablauf integriert sind.

MEHRFACHWERTUNG

Bei diesem Test erhalten Katzen Punkte für die einfallsreichen Strategien, mit denen sie versuchen, den Tagesablauf zu »beschleunigen« oder »neu zu strukturieren«, um schneller Futter zu bekommen. Du kannst für jede Taktik, die deine Katze anwendet, Punkte vergeben.

☐ DAS TÄGLICHE MIAU: Die vielleicht schlichteste Form der Erziehung des Menschen – deine Katze maunzt (und maunzt), bis du ihr etwas zu fressen gibst. **1 PUNKT**

☐ STEHEN BLEIBEN UND FUTTER HER: Deine Katze stellt sich in die Tür und blockiert den Zugang zu »Freizeitbereichen« wie dem Wohnzimmer. Du musst also einen Richtungswechsel vornehmen und »Katzenservicebereiche« wie die Küche ansteuern. **2 PUNKTE**

☐ EINPFERCHEN: Bei dieser etwas hektischen Strategie treibt dich deine Katze – wie ein Hütehund das Vieh – von einem Raum zum anderen, damit du ihr schleunigst Futter gibst. **3 PUNKTE**

☐ SCHLAG INS GESICHT: Deine Katze sitzt auf deinem Bauch und traktiert dein Gesicht mit ihren Pfoten, bis du auf ihr unmittelbares Bedürfnis reagierst. **3 PUNKTE**

☐ ZEITABGLEICH: Deine Katze hat bemerkt, dass sich dein Tagesablauf ein wenig verschoben hat. Indem sie dich in die Küche, ins Bad und ins Schlafzimmer treibt, bringt sich dich dazu, zum alten Rhythmus zurückzukehren. **5 PUNKTE**

☐ SCHLAFMÜTZE: Nichts macht dir die Anwesenheit deiner Katze – und die Notwendigkeit, sie zu füttern – schneller bewusst, als mit dem erdrückenden Gefühl aufzuwachen, das ein warmes, pelziges Tier verursacht, das sich gerade auf deinen Kopf gelegt hat. **5 PUNKTE**

8

Wie gut passen Katzen und Bäume zusammen?

Wir Menschen nehmen Gärten als passive, ruhige Umgebung wahr, in der wir den Anforderungen unserer technologisierten Welt entkommen können. Für eine Katze ist die Terrassentür das Tor zur Wildnis, in der die in ihr schlummernden Instinkte zum Leben erwachen … oder auch nicht.

Beobachte deine Katze im Garten. Zeigt sie eine der folgenden Verhaltensweisen an Bäumen?

☐ NICHT MEIN FALL: Deine Katze wirft nur einen kurzen Blick auf den Baum und schenkt ihm weiter keine Beachtung. **1 PUNKT**

☐ AUF DEM HOLZWEG: Deine Katze unternimmt einen heroischen Versuch, den Baum hinaufzuklettern, bleibt aber auf halber Höhe stecken. **2 PUNKTE**

☐ STOPP! STOPP!: Deine Katze ist bis zu den unteren Ästen geklettert, bringt aber zu viel Schwung mit. Sie gerät in Panik und verzichtet auf den weiteren Aufstieg. **3 PUNKTE**

☐ STETER AUFSTIEG (alias Freundschaftsanfrage): Deine Katze bemerkt, dass ein anderes Tier bereits im Baum sitzt, und klettert langsam und stetig hinauf. **4 PUNKTE**

☐ DAS KRÄHENNEST: Für deine Katze ist es ein Kinderspiel, Bäume zu erklimmen. Das beweist sie, indem sie entspannt auf einem hohen Ast sitzt. **5 PUNKTE**

☐ DIE KRÄHENPEST: Für deine Katze ist beim Baumklettern alleiniges Ziel, Vögel zu drangsalieren oder auf andere ahnungslose Opfer herabzuspringen. **5 PUNKTE**

Kapitel 2

TERRITORIALE TESTS

Katzen verfolgen drei wesentliche Ziele im Leben: fressen (so oft wie möglich), sich fortpflanzen (falls nötig) und es sich gut gehen lassen (so oft wie nötig). Würden Katzen Kleidung tragen, würden sie die Läden nach T-Shirts mit Aufschriften wie »FÜTTERE MICH«, »DRAMA QUEEN« oder »BETTHÄSCHEN« durchstöbern. Und sie würden diese ohne eine Spur von Ironie tragen.

Diese hauptsächlichen Ziele haben Katzen zu stark revierbezogenen Tieren gemacht: Sie müssen über das Gebiet, in dem sie ihre Nahrung finden und in dem sie mit Artgenossen interagieren, Kontrolle ausüben. Da Katzen als Haustiere gehalten werden, teilen sie sich einzelne städtische und ländliche Gebiete zu Tausenden. Immer wieder brechen deshalb Revierkämpfe aus.

Die folgenden Aufgaben machen dich zum Geheimagenten der Sondereinheit Katzen. Während du in deiner Nachbarschaft nach Anzeichen von Kampfhandlungen Ausschau hältst, kannst du feststellen, welchen Platz deine Katze in der örtlichen Hierarchie einnimmt – sowohl innerhalb deines Hauses als auch draußen im FH – in der Wildnis des Freigänger-Hinterlands.

I

Wanderlust

Feldstudien brachten eine für Katzenbesitzer unangenehme Tatsache zutage: Sexuell aktive, also nicht kastrierte Katzen, wandern auf der Suche nach Action umher. Dabei haben nicht kastrierte Kater auf ihren Streifzügen einen zehnmal so großen Radius wie sexuell aktive Weibchen. Bei Katzen, bei denen sich der Sexualtrieb nach einem Tierarztbesuch in Luft aufgelöst hat, wird die Größe des Reviers durch das Angebot an Nahrung bestimmt. Diese Katzen erweitern ihr Territorium nur, wenn vor Ort die Häppchen ausgehen.

In welchem Umkreis sucht deine Katze nach Nahrung?

☐ Solange Futter bereitsteht, verlässt meine Katze nur selten das Haus. **1 PUNKT**

☐ Meine Katze muss manchmal jagen gehen, weil Katzen aus der Nachbarschaft ins Haus kommen und ihr das Futter wegfressen. **1 PUNKT**

☐ Meine Katze isst manchmal außer Haus, meistens aber zu Hause. **2 PUNKTE**

☐ Meine Katze speist zu Hause und genehmigt sich dann beim Nachbarn einen zweiten Gang. **3 PUNKTE**

☐ Meine Katze ist ständig auf Beutezug und kommt nur für einen Nachschlag nach Hause. **4 PUNKTE**

☐ Ab und zu verschwindet meine Katze – den halben Tag lang oder mehrere Tage. **4 PUNKTE**

☐ Meine Katze ist von ihrer häuslichen Umgebung weitestgehend unabhängig. **5 PUNKTE**

2

Kommunikationsprobleme

Die Statistik besagt überraschenderweise, dass nur eine von zehn Hauskatzen einmal in ihrem Leben außerhalb ihres Katzenklos uriniert – um auf einen Defekt der Toilette hinzuweisen oder um eine andere Botschaft zu kommunizieren. Katzen können in Gruppen leben (wenn ihnen danach ist), sie können aber auch völlig unabhängig agieren und ihre eigenen Reviere abstecken – zur alleinigen Nutzung oder nach dem Prinzip des Timesharing. Zu diesem Zweck hinterlassen sie Pipibotschaften. Doch was haben diese zu bedeuten?

MEHRFACHWERTUNG

Du kannst für jede Aussage, die deine Katze
regelmäßig macht, Punkte vergeben.

TEST A: AUSSERHALB DES HAUSES

☐ KRIEGSDIENSTVERWEIGERER: »Hier schwelt ein Konflikt
unter Katzen, und das macht mich ein bisschen nervös.«
1 PUNKT

☐ »War hier. Eine Stunde lang. Dann war mir langweilig.
Tschüss.« **2 PUNKTE**

☐ BIN GLEICH WIEDER DA: »Bin kurz unterwegs – hinterlassen Sie eine Nachricht und ich rufe so schnell wie möglich
zurück.« **3 PUNKTE**

☐ BAUGENEHMIGUNG: »Ich habe den Antrag gestellt,
dieses Revier zu vergrößern, um einen schöneren Blick
auf den Park zu haben. Kommentare bitte hier posten.«
3 PUNKTE

☐ BAUUNTERNEHMER: »Das ist mein Anwesen. Wenn du
es nutzen willst, musst du eine angemessene Miete zahlen,
sonst wirst du vor die Tür gesetzt.« **4 PUNKTE**

TEST B: INNERHALB DES HAUSES

☐ HILFERUF: »Ich leide an einer seelischen Störung und es wird dich ein Vermögen kosten, mich mithilfe eines Tiertherapeuten aus meinem Sumpf der Traurigkeit zu befreien.«
1 PUNKT

☐ RÄTSELHAFTE RACHE: »Ihr Menschen habt mich verärgert, aber ich sage euch nicht, wodurch. Findet es selbst heraus.« **2 PUNKTE**

☐ VERBINDEN SIE MICH MIT DEM MANAGER: »Der Zustand dieses Katzenklos ist katastrophal. Bitte beseitigen Sie das Problem umgehend.« **3 PUNKTE**

☐ MELDUNG AN DIE EINWANDERUNGSBEHÖRDE: »Du hast zu viele Katzen im Haus aufgenommen. Mein Revier ist gefährdet. Du musst deine Einwanderungspolitik überdenken.« **3 PUNKTE**

☐ INNERBETRIEBLICHE AKTENNOTIZ: »Du hast innerhalb des Hauses strukturelle Veränderungen und/oder Umgestaltungsmaßnahmen vorgenommen, die ich nicht gutheiße.«
4 PUNKTE

3

Revierkämpfe

Ob das Zusammenleben der Katzen in deiner Umgebung friedlich verläuft, hängt von der Anzahl verfügbarer Futterquellen ab. Solange sich in jedem Revier zahlreiche Fast-Food-Lokale mit hinter dem Haus aufgestellten Mülltonnen befinden – und die Katzenliebhaber unter den Anwohnern in ausreichender Anzahl über nicht vollständig gesicherte Katzenklappen verfügen –, herrscht ein Zustand der Harmonie. Wirft jedoch ein Mangel an Imbissplätzen dunkle Schatten auf das Gebiet, können an den Grenzen des Reviers deiner Katze durchaus Rebellen und/oder Widerstandskämpfer Stellung beziehen.

MEHRFACHWERTUNG

Wie geht deine Katze außerhalb des Wohnraums mit Konflikten in ihrem Revier um? Da für ihr Verhalten eventuell mildernde Umstände geltend gemacht werden können, werden im Folgenden mehrere Optionen genannt, aus denen du auswählen kannst.

☐ BEDINGUNGSLOSE KAPITULATION: Deine Katze bewegt sich im Rückwärtsgang durch die Katzenklappe und bringt sich in Sicherheit – ganz, ganz langsam, um kein Geräusch zu verursachen. **1 PUNKT**

☐ SPÄHER: Deine Katze wirft prüfende Blicke ins Freie und verlässt erst das Haus, wenn sie sich absolut sicher ist, dass sich in der unmittelbaren Umgebung keine Artgenossen befinden. **1 PUNKT**

☐ RUMMS-KRACH-POLTER: Dein Haustier düst panisch durch die Katzenklappe, weil es sich von seinem Erzfeind verfolgt fühlt. **1 PUNKT**

☐ LUFTANGRIFF: Deine Katze steht einer anderen in einer Pattsituation gegenüber. Die beiden starren sich an, schreien und wedeln mit ihren Schwänzen hin und her. Keines der Tiere zieht sich zurück. Erst wenn in der Umgebung Fenster geöffnet werden, entspannt sich die Situation. **3 PUNKTE**

☐ EINBRECHER: Deine Katze beobachtet, wie die Nachbarkatze das Haus verlässt, und schlüpft durch deren Katzenklappe. Nach der Invasion hinterlässt sie eine Duftmarke, die besagt: »Danke für den Imbiss, du Trottel!« **4 PUNKTE**

☐ TRICKBETRÜGER: Deine Katze umschmeichelt deine Nachbarn, die wegen ihres wenig mutigen Haustiers eine Katzenklappe mit Chip-Sensor angebracht haben. Nachdem sie deine Nachbarn um den Finger gewickelt hat, schleicht sie an ihnen vorbei ins Haus und macht sich wie der Blitz mit einem Happen Futter davon. Alle Katzen in der Umgebung sind sich nun einig, dass dein Haustier in der Rangordnung ganz oben steht. **6 PUNKTE**

4

Kämpfe! Kämpfe!! Kämpfe!!!

Nehmen wir einmal an, deine Katze sucht im Dschungel der Groß- oder Kleinstadt Streit. Sie ist mehr als bereit dazu, ihr Revier zu verteidigen oder die Grenze eines anderen zu überschreiten. Welche Form des Nahkampfs bevorzugt sie?*

---

* Wenn deine Katze die BEDINGUNGSLOSE KAPITULATION (siehe S. 52) vorzieht, kann sie bei dem folgenden Test leider keine Punkte erzielen.

MEHRFACHWERTUNG

☐ GESICHTSAKROBATIK: Deine Katze faucht, spuckt und fletscht die Zähne – eine gute Strategie, um für die Entscheidung Zeit zu gewinnen, ob sie angreifen, sich verteidigen oder sich besser aus dem Staub machen sollte. **2 PUNKTE**

☐ PUSCHEL-BLUFF: Deine Katze will zeigen, wie groß sie ist, und macht einen Buckel und zeigt ihren buschigen Schwanz – nur um sich dann doch gegen eine körperliche Auseinandersetzung zu entscheiden. **2 PUNKTE**

☐ ERÖFFNUNGSSCHLAG: Deine Katze schüchtert ihren Gegner ein, indem sie ihm mit einer Pfote (Krallen eingezogen) einen Schlag versetzt, ehe er die Gelegenheit hat, dasselbe zu tun. Eins zu null. **3 PUNKTE**

☐ KRABBENGANG: Deine Katze verwickelt ihren Gegner in eine lang andauernde Konfrontation, die aggressives Umkreisen und Flamenco-Schritte in seitlicher Richtung beinhaltet. **4 PUNKTE**

☐ INS ABSEITS DRÄNGEN: Deine Katze erreicht häufig, dass der Gegner den Ring verlässt. **4 PUNKTE**

☐ CLUB-SANDWICH: Deiner Katze gelingt es oft, ihren Gegner in die Ecke zu drängen und ihm durch eine hässliche Backpfeife seine Beute abzuluchsen. **5 PUNKTE**

WILLKOMMEN

5

Grenzkontrolle oder der Umgang mit der Katzenklappe

Wenn die Mauern deines Hauses die Grenzen deines Hoheitsgebietes sind, dann bildet die Katzenklappe in der Hintertür den Kontrollposten. Deine Katze überwacht den samtpfotenen Ein- und Ausreiseverkehr und du kannst nichts dagegen tun, außer ein Volksbegehren anzuregen. Die Einwanderungspolitik von Katzen ist auch als »Klappenregiment« bekannt. Durch folgende Verhaltensweisen kann deine Katze für euer Staatsgebiet – viele oder wenige – Punkte sammeln.

Dein Haustier nutzt die Katzenklappe überwiegend für folgende Geschehnisse:

☐ BETRETEN UND VERLASSEN des Hauses zu Zeiten, die Menschen sympathisch sind. **1 PUNKT**

☐ FLUCHT vor Konflikten im freien Feld und vor inneren Unruhen (wie Staubsaugen). **1 PUNKT**

☐ BEOBACHTEN fremder Katzen aus der sicheren Umgebung der Küche heraus. **2 PUNKTE**

☐ FELLPFLEGE: Durch Scheuern am Dichtungsprofil der Katzenklappe wird das Fellwachstum angeregt und überschüssiger Flaum entfernt. **3 PUNKTE**

☐ FAUSTSCHLAG gegen andere Katzen, indem die Klappe mit der Pfote schnell nach außen geschlagen wird (ciese Taktik hat einen COMEDY-Bonuspunkt verdient). **5 PUNKTE**

☐ KÜNSTLERISCHER AUSDRUCK: Beim Durchqueren werden an der Scheibe der Katzenklappe in äußerst kreativer Weise Schmutz und Dreck hinterlassen. **5 PUNKTE**

☐ BESUCHEN anderer Häuser wegen zusätzlicher Mahlzeiten, Kuschelrunden in fremden Betten, neuem Spielzeug und einer EXTRAPORTION LIEBE. **6 PUNKTE**

6

H*I*K*S: Hausinternes Katzenspionagesystem

»Polizei – keiner bewegt sich!«

Ist deine Katze mit den von den Menschen in deinem Haushalt festgelegten Regeln und Vorschriften einverstanden? Oder wird dein Alltag in zunehmendem Maße von einer Art Inlandsgeheimdienst der Katzen belauscht und überwacht?

MEHRFACHWERTUNG

Achte auf die folgenden Formen der Überwachung und Auskundschaftung.

☐ Deine Katze unternimmt täglich einen Kontrollgang durch den gesamten Wohnraum. **1 PUNKT**

☐ Deine Katze untersucht dich jedes Mal gründlich wenn du von der Arbeit nach Hause kommst. Das ist kein Zeichen von Zuneigung – du wirst von der Einwanderungsbehörde überprüft. **2 PUNKTE**

☐ Deine Katze lässt Gegenstände auf dem Boden verstreut liegen. Sie verfolgt jede deiner Bewegungen, wenn du gegen diese Objekte stößt oder sie bewegst. **3 PUNKTE**

☐ Sind verschärfte Sicherheitskontrollen erforderlich, führt deine Katze eine Reihe von Angriffen bei Dämmerung durch: Du wirst abrupt aus dem Schlaf gerissen und einem strengen Verhör unterzogen. **4 PUNKTE**

☐ Deine Katze markiert durch Urinieren einige Räume oder Gegenstände im Haus. Das kann bedeuten, dass sie mit einem anderen Tier oder mit einem Mitglied deines Haushalts, das sie nicht mag, im Streit liegt. Du bekommst also einen schriftlichen Gerichtsbeschluss ausgehändigt. **5 PUNKTE**

7

Leise Diplomatie: das Problem des ungebetenen Gastes

Wie beschrieben können Katzen Einzelgänger sein, die ihr Revier verteidigen. Dieses Verhalten ist genetisch bedingt. Der Sibirische Tiger, ein entfernter Verwandter der Hauskatzen, beansprucht für sich ein Habitat von 500 Quadratkilometern und man kommt ihm besser nicht in die Quere. Deine Katze definiert vielleicht nur den Bereich zwischen Waschmaschine und Wohnungstür als ihr Revier, doch auch diese kleinere Fläche solltest du respektieren. Wenn du Gäste erwartest, solltest du dir – anhand der folgenden Auflistung – klarmachen, wie beunruhigend Besuche für dein Haustier sind.

Welche Reaktion zeigt deine Katze für gewöhnlich, wenn es an der Haustür klingelt?

☐ RUMMS-KRACH-POLTER … (und wieder ab durch die Katzenklappe). **1 PUNKT**

☐ Ein geeigneter (üblicherweise etwas erhöhter) Aussichtsplatz wird gefunden, der es ermöglicht, den Eindringling aus sicherer Distanz zu beäugen. **2 PUNKTE**

☐ 360-Grad-Erkundung: Deine Katze umkreist den Gast oder die Gäste mindestens einmal vollständig und wahrt dabei einigen Abstand. **3 PUNKTE**

☐ Vertraulichkeit entwaffnet. Deine Katze spaziert mit genüsslich gewölbtem Rücken direkt auf die Besucher zu, um sich eine ausgiebige Streicheleinheit abzuholen. **4 PUNKTE**

☐ Deine Katze springt (scheinbar aus dem Nichts) auf die Schulter deines Gastes, nimmt einen Abstrich von dessen Körper und bringt die DNA-Probe zur Analyse ins (hinter der Waschmaschine gelegene) Labor. **5 PUNKTE**

8

Der Königliche Orden des Rudels

Eine Gruppe von Katzen bezeichnet man als Rudel. Wenn Katzen – in einem Haus oder anderswo – zusammenleben, begegnen sie den einzelnen Mitgliedern der Gruppe in unterschiedlichem Maße mit Passivität, Dominanz- oder Unterwerfungsverhalten.*

---

* Wenn du mehrere Katzen hast, musst du sie für den folgenden Test wahrscheinlich einzeln beobachten, um für jedes Mitglied des Rudels die korrekte Wertung zu erhalten.

Wie verhält sich die von dir beobachtete Katze in Gegenwart ihrer Artgenossen?

☐ UNTERLEGENHEIT: Während der Fütterungszeiten wird die Katze oft beim Essen unterbrochen, weil die anderen Katzen versuchen, aus ihrem Napf zu fressen. **0 PUNKTE**

☐ UNSICHERHEIT: In Gegenwart ihrer Artgenossen sucht die Katze oft den Kontakt zu Menschen, um Bestätigung und Zuspruch zu erhalten. **2 PUNKTE**

☐ UNABHÄNGIGKEIT: Bei Anwesenheit mehrerer Mitglieder des Rudels verlässt die Katze oft den Raum, um ein eigenes Plätzchen zu finden. **3 PUNKTE**

☐ UNBEKÜMMERTHEIT: Wenn ein jüngeres oder rangniederes Mitglied der Gruppe versucht, sich mit der Katze anzulegen, kann diese ihren Widersacher in die Schranken weisen, indem sie einfach nur eine Pfote ausstreckt. **4 PUNKTE**

☐ UNGEHALTENHEIT: Missfällt der Katze das Verhalten eines anderen Mitglieds/anderer Mitglieder der Gruppe, verleiht sie ihrem Empfinden durch eine kurze, aber wirkungsvolle Reihe von Protestlauten Ausdruck. **4 PUNKTE**

☐ UNANGEFOCHTENHEIT: Betritt die Katze ein Zimmer, stehen alle anderen Katzen auf und verlassen die besten Sitzplätze, um den »Thron« freizugeben. **5 PUNKTE**

9

Der Sitz der Macht

Katzen wollen das Beste beider Welten haben: Sie möchten frei sein, aber auch in deinem Haus ein Revier und Status besitzen. Letzteren Anspruch kannst du erfüllen, indem du deinem Haustier ausreichend Aufmerksamkeit schenkst. Manchmal erinnert dich deine Katze an diese Verpflichtung, indem sie von einem Gegenstand, der dir besonders viel bedeutet, Besitz ergreift. Ihre Botschaft lautet: »Egal, wie wichtig dir dieses Ding gerade ist, ich werde immer ein bisschen wichtiger sein.«

MEHRFACHWERTUNG

Deine Katze erhält Punkte für die folgenden Formen der Inbesitznahme.

☐ Sitzen auf der Aufbauanleitung für das Möbelstück, das du unbedingt aus der Verpackung nehmen und aufstellen möchtest. **2 PUNKTE**

☐ Sitzen auf dem Inbusschlüssel, den du benötigst, um das gerade aus der Verpackung entnommene Möbelstück aufzustellen. **2 PUNKTE**

☐ Sitzen auf wichtigen Bewerbungsunterlagen (für einen noch längeren Zeitraum, als du an der Erstellung gesessen hast). **3 PUNKTE**

☐ Sitzen auf den Kleidungsstücken, die du für dein Bewerbungsgespräch herausgelegt hast. **4 PUNKTE**

☐ Liegen – mit ausgestreckten Vorder- und Hinterbeinen – auf der Tastatur deines sündhaft teuren Laptops.
4 PUNKTE

☐ Kuscheln in einer selbst gebauten Höhle in der Tasche, die deine neue Freundin/dein neuer Freund für die erste Übernachtung ins Haus gebracht hat. **5 PUNKTE**

10

Katzen-Kolonialismus

Es macht Spaß, diese Aufgabenstellung – eine Erweiterung von
Test 9 (siehe S. 70) – mehrmals durchzuführen. Suche eine
Fläche, auf der du ein »provisorisches Revier« kennzeichnen
kannst, zum Beispiel einen mit einem Seil oder einer Schnur
geformten Kreis, ein mit Kreide auf den Garagenboden aufge-
maltes Rechteck oder eine durch Kreppband auf dem Teppich
gekennzeichnete Fläche.

Stoppe die Zeit, die verstreicht, bis deine Katze sich in die Mitte des neuen Hoheitsgebietes setzt. Lege dann an verschiedenen Orten weitere Territorien an und wiederhole das Experiment so lange, bis du einen genauen Wert der Reaktionszeit deiner Katze erhältst.

☐ keine Reaktion **0 PUNKTE**

☐ 5 Minuten **1 PUNKT**

☐ 1 Minute **2 PUNKTE**

☐ 30 Sekunden **3 PUNKTE**

☐ 10 Sekunden **4 PUNKTE**

☐ weniger als fünf Sekunden **5 PUNKTE**

BONUSPUNKTE: Lege, während deine Katze noch mit dem Test beschäftigt ist, im selben Raum oder im Haus mehrere neue Reviere an und beobachte, welches deine Katze bevorzugt. Gib ihr einen Extrapunkt, wenn sie das größte Revier wählt.

11

Das Tao von Katzen und Hunden

Im Lauf unseres Lebens wurde uns – zum Beispiel curch Zeichentrickfilme wie *Tom und Jerry* – eingeimpft, dass Hunde und Katzen einfach nicht zusammenleben können. Nichtsdestotrotz sind einige Haushalte sehr fortschrittlich und halten sowohl Hunde als auch Katzen auf ihrem Grundstück. Sie haben schadlos überlebt. Gehörst du auch zu den Menschen, die beide Arten von Haustieren besitzen? Wenn ja, welches Tier ist bei dir der Herr im Haus?

Anhand der folgenden Beschreibungen kannst du das sich ständig verändernde Verhältnis zwischen deiner Katze und ihrem Erzfeind analysieren.

☐ CANIS MAJOR: Südlich des Himmelsäquators liegt das Sternbild Canis Major (Großer Hund). Es steht also in den Sternen geschrieben: Dein Hund wird immer die Oberhand über deine Katze gewinnen. **0 PUNKTE**

☐ DIE BEIDEN WERDEN NIE ZUEINANDER FINDEN: Deine Katze weigert sich schlichtweg, sich in dem Raum aufzuhalten, in dem sich dein Hund gerade befindet – oder sich vor Kurzem befunden hat. **1 PUNKT**

☐ ENTMILITARISIERTE ZONEN: Deine Katze und dein Hund haben eine Art unausgesprochene Vereinbarung getroffen, die festlegt, dass jeder von den beiden über bestimmte Bereiche des Hauses und/oder des Gartens uneingeschränkte Gerichtsbarkeit hat. **2 PUNKTE**

☐ EINSTWEILIGE VERFÜGUNG: Deine Katze zwingt deinen Hund durch Knurren, Fauchen und Zähnefletschen dazu, mindestens drei Meter Abstand zu halten. **3 PUNKTE**

☐ RÜHRT EUCH, SOLDATEN: Deine Katze und dein Hund haben ihre Konflikte schon vor langer Zeit ausgetragen. Sie leben entweder in öder Harmonie zusammen oder ignorieren den anderen vollständig. **4 PUNKTE**

☐ GEFANGEN IM KLETTVERSCHLUSS: Hunde springen oft auf Katzen zu – entweder in böser Absicht oder aus einer Spiellaune heraus. Ungeachtet der Motivation des Hundes weist deine Katze den Herausforderer in die Schranken, indem sie sich im Fell seiner Vorderbeine festkrallt. Dein Hund hat damit zu kämpfen, seine Pfoten wieder frei zu bekommen. Er wurde tief gedemütigt. **5 PUNKTE**

Kapitel 3

METEOROLOGIE UND KATZEN-KOSMOLOGIE

Katzen handhaben ihre alltäglichen Beschäftigungen und Kontakte unabhängig und flexibel: Sie bleiben im Haus, wenn ihnen danach ist, und sie beschäftigen sich draußen, wann immer sie wollen. Die Flexibilität einer Katze hängt jedoch von ihrer Fähigkeit ab, bestimmte Gegebenheiten zu tolerieren, die sich (ärgerlicherweise) ihrer Kontrolle entziehen – zum Beispiel das Wetter, die Erdrotation und das Zusammenspiel von Materie im Universum.

Eines Tages werden Katzen in ihrer Entwicklung so weit fortgeschritten sein, dass sie auch diese äußeren Bedingungen beeinflussen können – bis dahin müssen sie sich ihnen aber anpassen. Im folgenden Kapitel kannst du untersuchen, inwieweit deine Katze mit dem Universum jenseits ihres Reichs im Einklang steht.

I

Niederschlag im Freien

Die Kurzgeschichte *Katze im Regen* von Ernest Hemingway greift ein typisches Phänomen auf: Katzen halten sich manchmal auch bei heftigen Regenfällen lange im Freien auf, obwohl es ihnen nicht unbedingt Spaß macht, nass zu werden. Hemingways prägnante, reduzierte Erzählweise spiegelt die Katzen innewohnende Geschicklichkeit wider – und ihre Fähigkeit, bei jedem Wetter draußen zu sein und sich dabei gleichzeitig den vom Himmel gesendeten Anfeindungen zu entziehen.

Wie reagiert deine Katze, wenn es anfängt zu regnen?

☐ ZAUBERTRICK: taucht wie von Geisterhand in der warmen, überdachten Umgebung des Hauses auf. Ende der Geschichte. **1 PUNKT**

☐ SCHMERZTEST: nimmt die ersten Regentropfen aus reiner Neugier in Kauf. Dann wird ihr bewusst, dass ihr Fell nass und kalt werden und verfilzen könnte. **2 PUNKTE**

☐ STEPPJACKE: stellt ihre isolierende Unterwolle auf und steuert auf einen geschützteren Platz zu. **3 PUNKTE**

☐ WINDJACKE: schützt sich bei stürmischem Wetter mit einem natürlichen oder künstlichen Schirm vor zerzaustem Fell. **3 PUNKTE**

☐ SPHÄRISCHE KLÄNGE: versteckt sich in einem winzig kleinen Schutzraum, in den kein Tropfen eindringen kann. Dann lauscht sie ganz ruhig dem Rauschen des Regens. **4 PUNKTE**

☐ VORAUSSCHAUENDE PLANUNG: Deine Katze hat den Regen schon vor einigen Tagen vorhergesehen und alle nötigen Vorbereitungen für einen vom Niederschlag ungestörten Nachmittag bei Häppchen und Cocktails im Wintergarten getroffen. **5 PUNKTE**

2

Niederschlag im Haus

Als verantwortungsbewusste Katzenbesitzer schützen wir
unsere mit Fell ausgestatteten Tiere, indem wir ihnen eine
warme, trockene häusliche Umgebung bieten. Das ist zwar gut
und schön, weckt aber in unseren Haustieren zuweilen eine
Abneigung gegen alles, was feucht ist. Wie misstrauisch deine
Katze Wasser gegenübersteht, findest du heraus, indem du
beobachtest, wie sie auf einen laufenden Wasserhahn oder
einen Duschkopf reagiert.

Wie lässt sich die Einstellung deiner Katze fließendem Wasser gegenüber am besten beschreiben?

☐ RENN ODER STIRB: düst wie der Blitz vor jedem Anzeichen von Wasser davon. **0 PUNKTE**

☐ KLEMPNERKUMPEL: beobachtet stundenlang den Wasserhahn in der Hoffnung, einen Tropfen herabfallen zu sehen. **1 PUNKT**

☐ BETT-WÄSCHE: wird gerne mit einem warmen, feuchten Tuch in den Schlaf gerubbelt. **2 PUNKTE**

☐ PATSCH! PATSCH! Es macht ihr großen Spaß, zu versuchen, die herabfallenden Tropfen mit einer Pfote beiseitezuschlagen. **3 PUNKTE**

☐ UNGEHOBELTES BENEHMEN: Deine Katze benutzt den laufenden Wasserhahn genauso oft zum Trinken wie ihre Schüssel. **4 PUNKTE**

☐ KRIEGSVETERAN: Nachdem deine Katze bereits mehrere Stürze ins Wasser überlebt hat, macht es ihr nichts mehr aus, komplett einzutauchen. **5 PUNKTE**

3

Dämmerungsaktive
Kreaturen

Das Gesichtsfeld des Menschen umfasst etwa 180 Grad –
mit beeindruckenden 200 Grad haben Katzen jedoch eine
deutlich bessere Sicht auf die Welt. Auch ihr peripheres Sehen
ist äußerst effizient: Sie nehmen Bewegungen, zum Beispiel
von Tieren, am äußersten Rand ihres Blickfelds hervorragend
wahr. Außerdem besitzen Katzen im Vergleich zum Menschen
weitaus mehr Fotorezeptoren in den Netzhäuten ihrer Augen
und können deshalb bei schwachem Licht wesentlich besser
sehen.

MEHRFACHWERTUNG

Die vorher genannten Eigenschaften machen Katzen zu Tieren, die in den düsteren, bedrohlichen Stunden von Dämmerung und Nacht potenziell aktiv sind. Bist du schon einmal beim Aufstehen auf eines der folgenden Dinge gestoßen?
Jede positive Antwort bringt Punkte ein.

☐ Ein zerbrochenes Wohnaccessoire (das Ergebnis einer tollpatschigen Jagdversammlung bei Nacht). **I PUNKT**

☐ Ein zerfetztes Kleidungsstück oder Spielzeug (das deine Katze mit einem kleinen lebendigen Tier verwechselt hat).
I PUNKT

☐ Eine rätselhafte Verletzung deiner Katze (das Ergebnis eines schlecht austarierten Sprungs auf ein kleines lebendiges Tier). **I PUNKT**

☐ Eine tote Maus (oder Teile davon). **3 PUNKTE**

☐ Mehrere tote Mäuse, oft in Form einer »Spur blutrünstigen Gemetzels«. **4 PUNKTE**

☐ Ein toter Vogel und/oder eine Ansammlung von Federn verschiedenster Vögel ohne auffindbaren Kadaver.
5 PUNKTE

4

Nachtleben

Ach, die Dunkelheit. Sie ist ein Freund, der aus dem Kosmos zu Gast kommt und vor jeder Katze ein unbeschriebenes Blatt voller Möglichkeiten ausbreitet. Manche Katzen stürzen sich in die Nacht, als wäre sie ein kaltes Buffet mit exotischen Köstlichkeiten, die man verzehren kann. Andere sind an der rätselhaften Andersartigkeit der nächtlichen Welt weniger interessiert. Welchen Standpunkt nimmt deine Katze diesbezüglich ein – den auf dem Dach oder den unter dem Sofatisch?

MEHRFACHWERTUNG

Welchen Aktivitäten geht deine Katze bei Nacht am liebsten nach? Beobachte sie genau und kreuze alle zutreffenden Antworten an.

☐ Schlafen (zusätzlich zu einigen Nickerchen bei Tag).
0 PUNKTE

☐ Sex und/oder Kontakte knüpfen. **1 PUNKT**

☐ Streit suchen. **2 PUNKTE**

☐ Nach Speiseresten suchen. **2 PUNKTE**

☐ Patrouille in der Nachbarschaft. **3 PUNKTE**

☐ Jagen, um Beute mit nach Hause zu bringen. **3 PUNKTE**

5

Universelle Erkenntnis

Im Alten Ägypten wurden Katzen verehrt. Wenn jemand einer Katze etwas zuleide tat, wurde er hart dafür bestraft. Gleichzeitig waren die Ägypter fleißige Beobachter des Firmaments – sie glaubten an die Göttin des Himmels, genannt Nut, von der es hieß, ihr Körper wäre aus Sternen zusammengesetzt. Bastet, die Tochter des Sonnengottes Ra, wurde als Katzengöttin dargestellt.

Was meinst du: Waren die Alten Ägypter einem Geheimnis auf die Spur gekommen? Besteht zwischen deiner Katze und den Bewegungen der Himmelskörper eine Art kosmische Verbindung? Weiß deine Katze über Schwarze Löcher und den Urknall Bescheid?

MEHRFACHWERTUNG

☐ Meine Katze blickt niemals in den Himmel. Sie hat viel zu viel Angst vor den unendlichen Weiten des Kosmos.

0 PUNKTE

☐ Meine Katze sitzt gerne unter dem klaren Nachthimmel, da er eindeutig verrät, dass es so schnell nicht regnen wird.

1 PUNKT

☐ Meine Katze mag alles, was funkelt und glitzert, einschließlich des Monds und der Sterne. **2 PUNKTE**

☐ Meine Katze bleibt immer vor dem Fernseher stehen, wenn eine Dokumentation über den Weltraum läuft.

3 PUNKTE

☐ Meine Katze scheint genau zu wissen, wann die Internationale Raumstation ISS über unseren Köpfen vorbeifliegt.

4 PUNKTE

☐ Meine Katze scheint für Katzen aus der Nachbarschaft einen Astronomie-Club abzuhalten. **5 PUNKTE**

☐ Meine Katze muss nicht in den Nachthimmel sehen. Sie ist bereits zu der Erkenntnis gelangt, dass sich das Universum um ihr eigenes Ego dreht. **5 PUNKTE**

Kapitel 4

PSYCHOLOGISCHE TESTS

Manche Katzen verleihen ihren Bedürfnissen unumwunden und lautstark Ausdruck – andere nicht. Die Bedeutung ihres Miauens ist manchmal leicht zu verstehen (wenn es ums Futter geht), manchmal sind ihre Äußerungen aber so rätselhaft wie ein dreidimensionales Schachspiel. Um dir eine grobe Vorstellung von ihren Stimmungslagen und Beweggründen zu geben, setzen Katzen deshalb auch andere Verhaltensformen ein.

Ist deine Katze ein offenes Buch oder ein psychologischer Slinky, der sich ziemlich verheddert hat? Ist Letzteres der Fall, helfen dir vielleicht die folgenden Aufgabenstellungen dabei, das Rätsel auf vier Pfoten, das durch deine Wohnung schleicht, zu entschlüsseln.

I

Die Schmach der Katze

Hat deine Katze Humor? Katzen sind offensichtlich Könige und Königinnen des Slapsticks. Allerdings sind sie sich oft ihres genialen komödiantischen Talents nicht bewusst.

Baue eine harmlose Falle auf: Positioniere einen weichen Gegenstand so, dass er herunterfällt, wenn deine Katze die Tür öffnet, oder sorge dafür, dass der Küchenboden ein klein wenig rutschig ist, bevor deine Katze zum Abendessen hereinkommt. Beobachte, wie deine Katze auf die Erniedrigung reagiert.

☐ Nach dem Auslösen der Falle war meine Katze davon überzeugt, das Jüngste Gericht heraufbeschworen zu haben. Ich habe sie danach einige Stunden lang nicht mehr gesehen.

1 PUNKT

☐ Meine Katze stieß nach dem Auslösen der Falle eine Reihe von Protestlauten aus. Vermutlich wollte sie damit sagen: »Das war nicht lustig. Mach das nie wieder.« **2 PUNKTE**

☐ Meine Katze reagierte nur kurz auf die Falle. Dann tat sie so, als wäre überhaupt nichts passiert. **3 PUNKTE**

☐ Meine Katze war kurz irritiert, interpretierte die Falle dann aber als Auftakt zu einer Runde gemeinsamen Spiels. Die Demütigung schüttelte sie innerhalb von Sekunden ab.

4 PUNKTE

☐ Als die Falle ausgelöst wurde, warf meine Katze einen kurzen Blick darauf. Dann warf sie mir einen vernichtenden Blick zu und ging ungerührt weiter ihren Beschäftigungen nach. **5 PUNKTE**

2

Eine verhängnisvolle Affäre

Menschen, die Katzen nicht ausstehen können, üben auf
Katzen oft eine besonders große Anziehungskraft aus.
Was steckt dahinter?

Ein an Ailurophobie (Angst vor Katzen) leidender Freund kommt zu Besuch. Wie reagiert deine Katze auf diesen Gast?

☐ Meine Katze merkt, dass mein Freund keinen Blickkontakt zu ihr aufnimmt. Kein Blickkontakt = harmloses, unterwürfiges Verhalten. Meine Katze fühlt sich also wohl dabei, diesem fremden Menschen um die Beine zu streichen. **3 PUNKTE**

☐ Dass sie von meinem Freund/meiner Freundin keine Aufmerksamkeit bekommt, stellt für meine Katze eine unendlich reizvolle Herausforderung dar. Sie gibt keine Ruhe, bis sie ihm/ihr eine Reaktion entlockt, auch wenn die Erwiderung noch so brutal ausfallen mag. **4 PUNKTE**

☐ Da es meiner Katze bereits gelungen ist, von allen Familienmitgliedern die größte Aufmerksamkeit auf sich zu ziehen, muss einer fremden Person, die den Haushalt betritt, immer sofort ihr Platz in der Hierarchie zugewiesen werden. **5 PUNKTE**

3

TV-Programm

Alle Katzen haben ein feines Gehör und ein exzellentes Sehvermögen. Sie können zwei- und dreidimensional sehen und einige Farben unterscheiden. Es gibt also keinen Grund, warum Katzen am Fernsehen keine Freude haben sollten. Welches Programm wäre deiner Katze abends am liebsten?

MEHRFACHWERTUNG

Welchen Film- und Fernsehsparten bringt deine Katze bei einem Test am meisten Aufmerksamkeit entgegen?*

☐ Trickfilme für Kinder **1 PUNKT**

☐ Sitcoms **1 PUNKT**

☐ Nachrichten **2 PUNKTE**

☐ politische Sendungen **3 PUNKTE**

☐ Dokumentarfilme mit geschichtlichen Themen
4 PUNKTE

☐ internationale Filme oder Film noir **5 PUNKTE**

---

* Bedingung für einen bestandenen Test ist, dass deine Katze sich bei der Ausstrahlung einer Sendung der oben genannten Sparten jeweils länger als eine Minute am Stück auf den TV-Bildschirm konzentriert hat.

4

Schatzsuche

Ist deine Katze mit dir auf einer Wellenlänge? Reagiert sie auf dein Verhalten und interagiert mit dir? Oder ist sie eher mit sich selbst beschäftigt – unbeteiligt und auf ihren eigenen Bewusstseinsstrom konzentriert?

Forme aus Aluminiumfolie oder einem anderen glänzenden Material mehrere Bälle gleicher Größe und verstecke diese an Plätzen im Haus und im Garten, die deine Katze regelmäßig aufsucht. Ignoriert deine Katze die Bälle oder beteiligt sie sich an der Schatzsuche?

☐ Meine Katze hat sich mit keinem einzigen der Bälle beschäftigt. Ich musste sie alle wieder einsammeln, da sie allmählich Staub fingen. **0 PUNKTE**

☐ Meine Katze bemerkte die Bälle nach einiger Zeit, hat sich aber nicht wirklich dafür interessiert. **1 PUNKT**

☐ Meine Katze hat einige der glänzenden Objekte hervorgeholt, dann wurde ihr das Spiel aber ein bisschen zu langweilig. **2 PUNKTE**

☐ Meine Katze hat ein oder zwei der glänzenden Beutestücke gefunden, sich um die anderen aber nicht mehr gekümmert, weil sie zu sehr damit beschäftigt war, die ersten beiden durch den Raum zu kicken. **3 PUNKTE**

☐ Meine Katze hat das Spiel verstanden und nach und nach alle funkelnden Katzenschätze gefunden. **4 PUNKTE**

☐ Meine Katze förderte mehrere Bälle zutage, weigerte sich aber hartnäckig, alle hervorzuholen, aus Angst, als Hund zu gelten. **5 PUNKTE**

5

Haarige Freunde im Stimmungstief

Ganz im Ernst gesprochen: Eine deprimierte Katze st nichts Gutes. Wenn deine Katze regelmäßig Anzeichen von Niedergeschlagenheit zeigt, solltest du geeignete Maßnahmen ergreifen, um das Problem zu analysieren.*

---

* Bitte bring deine Katze unbedingt zum Tierarzt, wenn sie deprimiert wirkt. Ein gesundheitliches Problem könnte die Ursache sein. Außerdem kann dir der Tierarzt vielleicht Tipps geben, wie du deine Katze aufmuntern kannst.

HINWEIS ZUR PUNKTEWERTUNG

Folgender Aufgabe liegt eine umgekehrte Gewichtung zugrunde: Kurze Episoden depressiver Stimmung weisen darauf hin, dass deine Katze sensibel, grundsätzlich aber dazu in der Lage ist, ihre gute Laune zurückzugewinnen. Bei nachweislich dauerhafter gedrückter Stimmung ergeben sich niedrige Wertungen und Punktabzüge.

Deine Katze ...

☐ vernachlässigt ihre Hygiene und Fellpflege. **3 PUNKTE**

☐ gibt häufiger als gewohnt Lautsignale wie Miauen von sich.
3 PUNKTE

☐ hinterlässt im gesamten Katzenklo oder an anderen ungewöhnlichen Stellen »Protestflecken« aus Urin. **2 PUNKTE**

☐ frisst an manchen Tagen weniger oder gar nicht.
2 PUNKTE

☐ versteckt sich vor dir und geht Interaktionen aus dem Weg.
1 PUNKT

☐ zeigt sowohl körperlich als auch stimmlich ein erhöhtes Maß an Aggression. **1 PUNKT ABZUG**

6

Signale aus dem Katzenklo

Was steckt in den Hinterlassenschaften, die deine
Katze im Klo deponiert? Damit ist nicht die chemische
Zusammensetzung ihres Kots und Urins gemeint. Es geht
um die seelischen Zustände, denen deine Katze durch die Art
und Weise Ausdruck verleiht, wie sie eine mit saugfähigem,
kiesähnlichem Material gefüllte Plastikschale dekoriert.

MEHRFACHWERTUNG

Für die erfolgreiche Übermittlung folgender Botschaften werden Punkte vergeben:

☐ ICH FÜHLE MICH EIN WENIG GESTRESST: Deine Katze hat quer über das Katzenklo uriniert oder ein, zwei Häufchen unmittelbar davor gesetzt. **1 PUNKT**

☐ SCHMUTZIGER PROTEST: Deine Katze richtet in ihrer Toilette eine Schweinerei an, weil du euer Zuhause in Unordnung gebracht hast. **2 PUNKTE**

☐ ICH BRAUCHE SOFORT MEIN EIGENES BAD: Teilen sich zu viele Katzen ein Klo, kann es sein, dass deine Katze sich weigert, es zu benutzen, und darauf wartet, dass du ihr etwas mehr Privatsphäre zur Verfügung stellst. **3 PUNKTE**

☐ ZIMMERSERVICE, BITTE: Deine Katze verweigert die Benutzung des Katzenklos so lange, bis du es ausgewaschen und all die Klümpchen entfernt hast. **4 PUNKTE**

☐ ICH WÜNSCHE EINE VERLEGUNG/EIN UPGRADE: Die Lage des Klos missfällt deiner Katze. Wenn du es an einem Platz mit schönerer Aussicht, zum Beispiel mit Meerblick oder in Südlage, aufstellst, benutzt sie es vielleicht wieder.
5 PUNKTE

7

Der Schlummertest: Ausdehnung des Tiefschlafs

Wenn deine Katze viel schläft, durchlebt sie vielleicht ein kleines seelisches Tief (siehe S. 106) oder sie ist einfach ein großer Fan von luxuriöser Selbstvergessenheit. Tatsächlich kann dein Haustier, wenn es ein Meister des Schlafes ist, die Aufmerksamkeit der NASA auf sich ziehen – die Raumfahrtbehörde sucht immer wieder Menschen und Tiere, die mit einer Reise zu den Sternen zurechtkommen, weil sie sich die meiste Zeit über in einem Zustand des Hyperschlafs befinden. Vielleicht sollte sich deine Katze für das Weltraumprogramm bewerben?

Für die tiefsten Dauerschläfer werden die folgenden Punkte vergeben.

Meine Katze schläft oft ...

☐ 12 Stunden pro Tag. **2 PUNKTE**

☐ 12–14 Stunden pro Tag. **3 PUNKTE**

☐ 14–16 Stunden pro Tag. **5 PUNKTE**

☐ 16–18 Stunden pro Tag. **2 PUNKTE**

☐ 18–20 Stunden pro Tag (= immer wenn sie nicht frisst).*
1 PUNKT

---

* Diese Anzahl Stunden Schlaf ist einerseits beeindruckend, andererseits kann ein übermäßiges Schlafbedürfnis darauf hinweisen, dass dein Haustier krank ist. Wenn dieses ausgeprägte Schlafverhalten für deine Katze untypisch ist, lass sie bitte von einem Experten untersuchen.

Kapitel 5

DER SECHSTE SINN

Katzen haben uns Menschen auf seltsame, rätselhafte, übernatürliche Weise in der Hand. Existiert dieser Einfluss tatsächlich oder haben wir ihn uns nur ausgedacht?

Katzen werden von uns seit der Zeit, in der wir sie domestiziert haben, mit Übersinnlichem in Verbindung gebracht. Im Alten Ägypten wurde ihnen gottgleicher Status verliehen und sie standen unter dem Schutz der Gesetze dieser Zivilisation. Im Mittelalter wendete sich das Blatt gegen die wachsende Population von Katzen, denn die Menschen begannen, sie mit Heidentum, Teufelsverehrung und Hexerei zu assoziieren. In einigen Ländern fürchtete man Hauskatzen als Unheilsboten und sie wurden in schlechten Zeiten aus den Haushalten vertrieben.

Als Relikt ist geblieben, dass wir Katzen noch heute unheimliche oder übersinnliche Fähigkeiten zuschreiben. Vielleicht wollen wir einfach an diese Magie glauben, weil die Vorstellung, dass Katzen als Medium fungieren, das uns mit einer anderen Welt – dem Reich des Übersinnlichen – in Verbindung bringt, letztendlich faszinierend ist.

I

Ammenmärchen

Auf der ganzen Welt ranken sich viele abergläubische
Geschichten um Katzen. Welche der folgenden Ammen-
märchen werden durch das Verhalten deiner Katze beglaubigt?

MEHRFACHWERTUNG

Du erhältst Punkte für jedes Szenario, das du beobachten konntest.

☐ SCHWARZER HUMOR: Ich habe eine schwarze Katze, die absichtlich mit dem Aberglauben von Menschen spielt, indem sie den Weg von Passanten kreuzt und diese ärgert, bis sie verscheucht wird. **2 PUNKTE**

☐ HAAAT-SCHII: Immer wenn ich meine Katze niesen höre, ist mein Tag voller glücklicher Zufälle. **2 PUNKTE**

☐ KATZEN-KARMA: Wenn ich meine Katze einmal schlecht behandle, habe ich anschließend mehrere Tage lang Pech. **2 PUNKTE**

☐ SCHLECHTWETTERVORHERSAGE: Wenn sich meine Katze hinter den Ohren wäscht, fängt es oft gleich danach an zu regnen. **2 PUNKTE**

☐ BETRUGSANZEIGE: Immer wenn ich von meiner Katze träume, ist irgendein Verrat im Gange. **3 PUNKTE**

2

Spiritistische Samtpfoten

Kommen wir direkt zum Punkt: Kann deine Katze Tote sehen?

MEHRFACHWERTUNG

☐ Unsere alte Katze ist verstorben. Nun haben wir eine neue. Diese verbringt sehr viel Zeit damit, die Plätze zu umkreisen, auf denen unsere alte Katze gesessen oder geschlafen hat. **2 PUNKTE**

☐ Meine Katze verhält sich ganz anders, wenn sie auf geweihtem Boden läuft. **3 PUNKTE**

☐ Meine Katze starrt manchmal auf einen Punkt im Raum oder an der Decke und beginnt zu fauchen und zu spucken. Nach einer Weile kehrt sie dann ganz plötzlich zu ihrem normalen Verhalten zurück. **4 PUNKTE**

☐ Meine Katze scheint Dinge zu spüren, bevor sie passieren. Sie wird beispielsweise unruhig oder verlässt den Raum, kurz bevor jemand eine Tasse mit einem heißen Getränk umstößt. **4 PUNKTE**

☐ Meine Katze richtet ihren Blick manchmal unverwandt auf einen Bereich des Hauses – zum Beispiel die Treppe – und scheint zu beobachten, wie sich ein unsichtbares Wesen vor und zurück, hinauf und hinunter bewegt. **5 PUNKTE**

3

Starrologie

Wie groß ist die psychologische Wirkung, die der starre Blick deiner Katze ausübt?

MEHRFACHWERTUNG

Für jeden beobachteten Augeneinsatz können Punkte gesammelt werden.

☐ Wenn meine Katze einer anderen gegenübersteht und die beiden sich bedrohlich anstarren, räumt meine Katze meist zuerst das Feld. **0 PUNKTE**

☐ Meine Katze bringt andere Tiere dazu, den Raum zu verlassen, indem sie sie anstarrt. **2 PUNKTE**

☐ Wenn ich während des Essens von meiner Katze ange-starrt werde, verliere ich sofort den Appetit. **2 PUNKTE**

☐ In einem Blickduell mit einer anderen Katze ist meine selten der Verlierer. **3 PUNKTE**

☐ Meine Katze schüchterte einmal einen Freund von mir so sehr mit ihren Blicken ein, dass dieser das Haus verlassen musste. **4 PUNKTE**

☐ Meine Katze kann mich allein durch ihr Starren aus dem tiefsten Schlaf reißen. **5 PUNKTE**

☐ Meine Katze kann Gegenstände zum Schweben bringen, indem sie starr ihren Blick darauf gerichtet hält.
100 PUNKTE

4

Das Jahr der Katze

Weist deine Katze die für ihr Sternzeichen typischen Eigenschaften auf beziehungsweise macht sie sich diese zunutze?

Fische

Löwe

Stier

Für jede der folgenden Übereinstimmungen wird die maximale Punktzahl vergeben.

☐ WIDDER (21. März–20. April): eine temperamentvolle Katze, die oft eine gute Portion Selbstbewusstsein einsetzt, um ihren Willen durchzusetzen. **5 PUNKTE**

☐ STIER (21. April–21. Mai): Diese Katze ist eigentlich unerschütterlich, mag aber keine Veränderungen. **5 PUNKTE**

☐ ZWILLINGE (22. Mai–21. Juni): eine verspielte, launische, ewig junge Katze. **5 PUNKTE**

☐ KREBS (22. Juni–23. Juli): schüchtern, ausweichend, rätselhaft und emotional vielschichtig. **5 PUNKTE**

☐ LÖWE (24. Juli–23. August): ein überaus verhätscheltes, überhebliches und rundum ichbezogenes Tier. **5 PUNKTE**

☐ JUNGFRAU (24. August–23. September): ein pingeliges, sehr auf die eigene Körperpflege bedachtes Tier, aber letztlich ein angenehmes Mitglied des Haushalts. **5 PUNKTE**

☐ WAAGE (24. September–23. Oktober): eine eitle, ein wenig unsichere Katze, die viel Aufmerksamkeit und Zuneigung verlangt. **5 PUNKTE**

☐ SKORPION (24. Oktober–22. November): eine bornierte, kräftige, rachsüchtige Kreatur! **5 PUNKTE**

☐ SCHÜTZE (23. November–22. Dezember): verträumt und rätselhaft – taucht ganz nach Lust und Laune auf und verschwindet wieder. **5 PUNKTE**

☐ STEINBOCK (23. Dezember–20. Januar): ernst, schüchtern, egoistisch und willensstark – und immer im Recht. **5 PUNKTE**

☐ WASSERMANN: (21. Januar–19. Februar): der melancholische Dichter unter den Katzen – stets gelangweilt oder ausweichend, auf der Suche nach Abwechslung und kulturellen Anreizen. **5 PUNKTE**

☐ FISCHE (20. Februar–20. März): ein kompliziertes, sich stetig veränderndes, unbeständiges Tier, das man letztendlich niemals wirklich kennt. **5 PUNKTE**

Auswertung

PHYSISCHE TESTS: ERGEBNISSE
Unterer Bereich: 9–37 Punkte
Deine Katze ist keine körperlich imposante Erscheinung. Sie hält sich gerne zurück und lässt dich den Ton angeben. Achte auf Anzeichen von dauerhaftem Desinteresse und Rückzugsverhalten – es kann sein, dass dein Haustier depressiv ist.

Mittlerer Bereich: 38–67 Punkte
Deine Katze wird gerne miteinbezogen. Sie hat eine gesunde Einstellung zu Spaß und Vergnügen. Sie hat sich eindeutig auf die Tests eingelassen und erzielt durchweg gute Wertungen, solange sie dazu in der Stimmung ist.

Genialer Bereich: ab 68 Punkte
Okay, Vorsicht! Diese Katze kommt direkt von einem James-Bond-Dreh, in dem sie den größten Widersacher gemimt hat, dem 007 je begegnet ist. Sie ist körperlich dominant und äußerst selbstbewusst. Wappne dich für den Tag, an dem sie für sich ein eigenes Wohnmobil auf deinem Grundstück fordert.

Wie deine Katze sich steigern könnte
Je mehr du dich mit deiner Katze auf physischer Ebene beschäftigst, umso deutlicher wird für dich erkennbar, welches Maß an Selbstvertrauen und Wohlbehagen sie in dieser Hinsicht besitzt. Jede Katze ist anders: Manche halten sich lieber von den Rangeleien des Lebens fern, andere werden im Lauf der Zeit aufgeschlossener und aktiver. Ob deine Katze munterer wird, findest du heraus, indem du diese Tests ab und zu wiederholst.

TERRITORIALE TESTS: ERGEBNISSE
Unterer Bereich: 11–67 Punkte
Diese Katze ist in erster Linie Hauskatze. Sie fühlt sich innerhalb der eigenen vier Wände sicherer und entspannter als im Freien.

Mittlerer Bereich: 68–119 Punkte
Deine Katze ist in der Nachbarschaft wohlbekannt, fordert ihr Glück aber nicht heraus. Zu Hause wie in der näheren Umgebung gewinnt sie die Herzen der anderen und ist bei Streitigkeiten im Revier stets bereit einzulenken.

Genialer Bereich: ab 120 Punkte
Deine Katze lotet ständig ihre Grenzen aus und erweitert ihren Einflussbereich. Sie ist vielleicht schon ohne dein Wissen in mehrere benachbarte Gebiete einmarschiert, hat diese erobert und zahllose Hauskatzen aus deren Heimat vertrieben. Halte nach Flüchtlingen Ausschau.

Wie deine Katze sich steigern könnte
Wenn deine Katze dem mittleren oder genialen Bereich angehört, wirst du vermutlich feststellen, dass sie auf immer wieder neue Art versuchen wird, sich durchzusetzen. Im Lauf der Zeit gewinnt sie dadurch vielleicht noch mehr Revieranteile hinzu – und erzielt dadurch eine noch höhere Punktzahl. Stellt sich jedoch heraus, dass deine Katze mit den bestehenden Grenzen grundsätzlich zufrieden ist, sollte das von ihr erzielte Ergebnis relativ konstant bleiben.

METEOROLOGIE UND KATZEN-KOSMO-LOGIE: ERGEBNISSE

Unterer Bereich: 4–25 Punkte
Deine Katze hält an den Annehmlichkeiten des häuslichen Lebens fest. Sie hat der unergründlichen Wildnis vor den Türen deines Hauses den Rücken gekehrt.

Mittlerer Bereich: 26–47 Punkte
Deine Katze liebt den Nervenkitzel im Freien. Auch die Räumlichkeiten innerhalb des Hauses gelten ihr als Welt, die es zu bezwingen und zu beherrschen gilt.

Genialer Bereich: ab 48 Punkte
Der Geist ihrer Vorfahren durchströmt diese Katze. Ihre wilde Seite ist ausgeprägt und sie betrachtet die Welt aus philosophischer Perspektive. Von dieser Katze kannst du viel lernen.

Wie deine Katze sich steigern könnte
Deine Katze wurde mit einer bestimmten Veranlagung geboren und du hast ihre Persönlichkeit (hoffentlich) lieb gewonnen. Einer Katze, die tief in ihrem Innersten mit den Grenzen ihres Universums zufrieden ist, kann man eine gesteigerte Aufmerksamkeit für ihr weiteres Umfeld nicht antrainieren. Deshalb wird eine Wiederholung der Tests an den Ergebnissen vermutlich wenig ändern. Aber wer weiß? Eine Katze mit Neuem bekannt zu machen, ist immer interessant.

PSYCHOLOGISCHE TESTS: ERGEBNISSE

Unterer Bereich: 9–27 Punkte
Du solltest ein Auge auf deine Katze haben. Ihr zurückgezogenes, verschlossenes Verhalten kann Teil ihrer Persönlichkeit, aber auch Anzeichen für eine Depression oder ein anderes gesundheitliches Problem sein.

Mittlerer Bereich: 28–42 Punkte
Du musst dir keine Sorgen machen. Dein Haustier ist ausgeglichen und fühlt sich grundsätzlich wohl in seinem Fell. Es weiß, was es braucht, um glücklich zu sein, und wird es dich wissen lassen, wenn ihm etwas nicht gefällt.

Genialer Bereich: ab 43 Punkte
Diese Katze ist fast schon frustrierend selbstbewusst. Die Tatsache, dass sie phasenweise (abgesehen von Handreichungen bei der Nahrungsversorgung) keinen Sinn in menschlicher Gesellschaft sieht, kann für ihre »Besitzer« enttäuschend sein.

Wie deine Katze sich steigern könnte
Wie im Bereich der Meteorologie und Katzen-Kosmologie (Kapitel 3) bestehen auch hier kaum Einflussmöglichkeiten auf das Naturell der Katze. An einigen Aspekten ihrer psychischen Struktur kann man jedoch arbeiten: Bei einer Katze, die aus einem Tierheim oder von einem Vorbesitzer stammt, können in früheren Jahren gesammelte Erfahrungen ihre Fähigkeit, zu vertrauen, negativ beeinflusst haben. Die bei den psychologischen Tests erreichte Punktzahl kannst du unter Umständen steigern, indem du viel Zeit mit deiner Katze verbringst und sie langsam an Dinge (zum Beispiel an Menschen oder an andere Haustiere) gewöhnst, mit denen sie sich unwohl fühlt.

DER SECHSTE SINN: ERGEBNISSE

Unterer Bereich: 4–14 Punkte
Was auch in der fremden Welt der Geister zugegen sein mag, deine Katze ignoriert es oder wird dessen zum Glück nicht gewahr.

Mittlerer Bereich: 15–49 Punkte
Deine Katze nimmt bestimmte Phänomene wahr und weiß ihre mentale Stärke zu ihrem eigenen Vorteil einzusetzen. Die Balance stimmt: Die erweiterte sinnliche und/oder übersinnliche Wahrnehmung deiner Katze ist eher beruhigend als beängstigend.

Genialer Bereich: ab 50 Punkte
Deine Katze ist Teil von etwas Größerem und Tiefgründigerem, als deine Vorstellungskraft

zu erfassen vermag. Vielleicht ist sie ein Wächter des Tores zu einer anderen Welt. Beobachte sie weiter.

Wie deine Katze sich steigern könnte
An den Ergebnissen dieser Tests lässt sich nichts ändern. Das Verhalten deiner Katze ist inzwischen zu tief verwurzelt und stabil. Suche in den Gelben Seiten nach einem erschwinglichen Exorzisten und bewahre, soweit es geht, deinen gesunden Menschenverstand.

GESAMTERGEBNIS
Unterer Bereich: 35–174 Punkte
Wenn du anhängliche Katzen liebst, besteht für dich kein Anlass zur Sorge, wenn dein Haustier diesem Bereich angehört. Einige Katzen sind stärker auf ihre Besitzer fixiert als andere und halten sich lieber im Haus auf. Das ist eine ganz normale Erscheinung innerhalb der breit gefächerten Katzenpopulation. Grund zur Besorgnis hast du nur, wenn deine Katze ein dauerhaft aggressives, verstörtes oder zurückgezogenes Verhalten zeigt. Dann solltest du tatsächlich den Rat eines Experten einholen.

Mittlerer Bereich: 175–328 Punkte
Katzen, die diese Punktzahl erreichen, bereiten (ganz allgemein gesprochen) als Haustiere große Freude. Sie fühlen sich in der Gegenwart von Menschen wohl und sehen in ihrem Besitzer das zentrale Rädchen im komplizierten Getriebe ihres Universums. Dennoch folgen sie ihren Instinkten und geraten manchmal auf Abwege. Da es für Katzen jedoch gesund ist, einen weiten Horizont zu haben und der Welt mit Neugier zu begegnen, solltest du dir deshalb keine Sorgen machen.

Genialer Bereich: ab 329 Punkte
Diese Katzen sind hoch entwickelte, unabhängige und äußerst anpassungsfähige Tiere, die ihr Leben in fast jeder Umgebung zum eigenen Vorteil gestalten können. Sie sind nicht unbedingt die angenehmsten Haustiere, verdienen jedoch Respekt und Bewunderung. Genieße die Zweisamkeit mit deinem außergewöhnlichen Vertreter der Gattung, solange es noch möglich ist, denn sobald deine Katze den opponierbaren Daumen entwickelt hat – diese kleine anatomische Besonderheit, die dem Homo sapiens den für seine weitere Evolution vorteilhaften Pinzettengriff beschert hat –, wird sie dich nicht mehr brauchen.

DANK

Mein aufrichtiger Dank geht an meine gute Freundin Carron Brown, Katzenexpertin und hervorragende Beraterin, die Anregungen zu mehreren Tests in diesem Buch geliefert und sichergestellt hat, dass meine Beschreibungen des Verhaltens von Katzen weitestgehend korrekt sind. Ich habe versucht, dieses Buch so unterhaltsam wie möglich zu gestalten und den Lesern dabei gleichzeitig ein (hoffentlich) nützliches Werkzeug an die Hand zu geben, das ihnen dabei hilft, ihre Katze besser zu verstehen. Dabei war mir Carron eine große Hilfe. Ich danke meiner ehemaligen Vermieterin Lisa Thomas dafür, dass ich bei ihr so viele Erfahrungen mit Katzen sammeln konnte, dass es für ein ganzes Leben reicht. Danke auch an die Familie Brown (Lola, Mae, George Murray und Shannon) für ihre Inspirationen. Caitlin Doyle danke ich für ihre unermüdlichen Bemühungen, Haustieren im Sachbuchbereich einen Platz an vorderster Front zu sichern. Caitlin, diese Tiere erweisen dir mit ihren behaarten Vorderbeinen eine humorvolle Ehrenbezeugung. Setz deine hervorragende Arbeit fort.

AZSG-💡-ZERTIFIKAT

Allgemeines Zeugnis samtpfotener Genialität

Dieses Zeugnis bescheinigt, dass

_____

an einer Reihe von Tests teilgenommen hat, die zur Überprüfung
ihrer/seiner Eignung in den folgenden Kategorien entwickelt wurden:

Physische Leistungsfähigkeit: ☐☐

Territoriale Herrschaft: ☐☐

Kosmisches Gespür: ☐☐

Mentale Stärke: ☐☐

Übersinnliche Fähigkeiten: ☐☐

GESAMTPUNKTZAHL ☐☐

UNTERSCHRIFT DES VERSUCHSLEITERS _____

DATUM _____

33273744R00078

Printed in Poland
by Amazon Fulfillment
Poland Sp. z o.o., Wrocław